AF193520

FCOO01

INSERCIÓN LABORAL Y TÉCNICAS DE BÚSQUEDA DE EMPLEO

FCOO01

INSERCIÓN LABORAL Y TÉCNICAS DE BÚSQUEDA DE EMPLEO

Chema Gómez

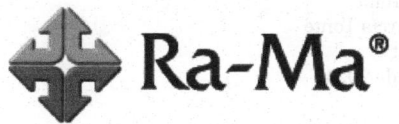

La ley prohíbe
fotocopiar este libro

FCOO01 - INSERCIÓN LABORAL Y TÉCNICAS DE BÚSQUEDA DE EMPLEO
Thema: VSCB Búsqueda de trabajo / cambio de profesión
Bisac: BUS115000
© Chema Gómez
© De la edición: Ra-Ma 2024

Editado por:
RA-MA Editorial
Calle Jarama, 3A, Polígono Industrial Igarsa
28860 PARACUELLOS DE JARAMA, Madrid
Teléfono: 91 658 42 80
Fax: 91 662 81 39
Correo electrónico: info@grupoeditorialrama.com
Internet: www.ra-ma.es y www.ra-ma.com
ISBN impreso: 978-84-1018-136-6
Depósito legal: M-4839-2024
Maquetación: Antonio García Tomé
Diseño de portada: Antonio García Tomé
Filmación e impresión: Safekat
Impreso en España en febrero de 2024

*Dedicado a todas las personas
que me apoyan y creen en mí.*

*En especial, al ángel que me custodia
y es mi inspiración, VCP*

Índice

INTRODUCCIÓN 9

CAPÍTULO 1. EL SEPE Y SU PAPEL EN EL MUNDO LABORAL 11
    1.1   HISTORIA Y EVOLUCIÓN DEL SEPE 13
    1.2   FUNCIONES Y SERVICIOS OFRECIDOS 15
    1.3   MARCO LEGAL Y NORMATIVO.. 16

CAPÍTULO 2. INSERCIÓN LABORAL 19
    2.1   DEFINICIÓN DE INSERCIÓN LABORAL 21
    2.2   FACTORES QUE INFLUYEN EN LA INSERCIÓN LABORAL 23
    2.3   OBSTÁCULOS COMUNES EN LA BÚSQUEDA DE EMPLEO 25

CAPÍTULO 3. HERRAMIENTAS Y RECURSOS DEL SEPE PARA
LA INSERCIÓN LABORAL 29
    3.1   ORIENTACIÓN LABORAL: SERVICIOS Y ASESORAMIENTO 31
    3.2   FORMACIÓN Y CUALIFICACIÓN PROFESIONAL..................... 32
    3.3   PROGRAMAS DE EMPLEO Y APOYO A LA INSERCIÓN
        LABORAL... 36

CAPÍTULO 4. TÉCNICAS EFECTIVAS DE BÚSQUEDA
DE EMPLEO 39
    4.1   ELABORACIÓN DE UN CV EFECTIVO 41
    4.2   CARTA DE PRESENTACIÓN Y OTROS DOCUMENTOS 43
    4.3   ESTRATEGIAS DE NETWORKING Y BÚSQUEDA ACTIVA DE
        EMPLEO... 45
    4.4   ENTREVISTAS DE TRABAJO: PREPARACIÓN Y
        DESARROLLO.. 47

CAPÍTULO 5. ADAPTACIÓN AL MERCADO LABORAL ACTUAL........... 49
    5.1   TENDENCIAS Y DEMANDAS DEL MERCADO LABORAL............. 51
    5.2   SECTORES Y PERFILES CON MAYOR DEMANDA
        DE EMPLEO 54
    5.3   HABILIDADES Y COMPETENCIAS VALORADAS POR LAS
        EMPRESAS 57

CAPÍTULO 6. ESTRATEGIAS EFECTIVAS EN LA BÚSQUEDA
DE EMPLEO 59
    6.1   FORMACIÓN CONTINUA Y DESARROLLO PROFESIONAL 61
    6.2   NETWORKING Y RELACIONES PROFESIONALES:
        FUNDAMENTOS Y BENEFICIOS... 62

6.3 PRESENTACIÓN DE LA EXPERIENCIA LABORAL: CLAVES PARA DESTACAR 64

6.4 DOMINIO DE LAS HABILIDADES DE COMUNICACIÓN 68

CAPÍTULO 7. RETOS FUTUROS Y PERSPECTIVAS 71

7.1 DESAFÍOS EN LA INSERCIÓN LABORAL POSTPANDEMIA.........73

7.2 INNOVACIONES Y AVANCES EN LOS SERVICIOS DE EMPLEO 76

7.3 RECOMENDACIONES PARA MEJORAR LA EFICACIA DEL SEPE Y LA INSERCIÓN LABORAL..80

Introducción

En el complicado y cambiante mundo laboral de hoy en día, donde la búsqueda de empleo puede ser un desafío abrumador, contar con recursos sólidos y orientación adecuada marca la diferencia entre el éxito y el fracaso. En este libro, nos sumergimos en el universo del Servicio Público de Empleo Estatal (SEPE), una institución fundamental en España que brinda apoyo esencial a quienes buscan integrarse o renovarse en el mundo laboral.

El SEPE, antes conocido como el Instituto Nacional de Empleo (INEM), ha ido evolucionando con los años para adaptarse a las necesidades cambiantes de la sociedad y el mercado laboral. Desde su fundación en 1981, este organismo ha desempeñado un papel vital en la implementación de políticas de empleo activas, ofreciendo una amplia gama de servicios dirigidos a fomentar la inserción laboral y mejorar las oportunidades de empleo de los ciudadanos, mejorando también el nivel del país.

A lo largo de estas páginas, exploraremos en detalle los diferentes aspectos del SEPE, desde sus funciones y servicios hasta las herramientas y recursos disponibles para facilitar la búsqueda de trabajo y la inserción laboral. Además, examinaremos estrategias efectivas de búsqueda de empleo, las tendencias actuales del mercado laboral y las habilidades más demandadas por las empresas en la actualidad.

Este libro está concebido como una guía completa y práctica para aquellos que se embarcan en la búsqueda de empleo y desean aprovechar al máximo los recursos que ofrece el SEPE. Ya sea que estés dando tus primeros pasos en el mundo laboral, buscando una nueva oportunidad profesional o enfrentando desafíos en tu búsqueda de empleo, el objetivo es proporcionarte la información y herramientas necesarias para alcanzar tus metas laborales con confianza y éxito.

1

El SEPE y su papel en el mundo laboral

1.1 HISTORIA Y EVOLUCIÓN DEL SEPE

El Servicio Público de Empleo Estatal (SEPE) tiene su origen en las políticas de empleo desarrolladas a lo largo del siglo XX en España. Surgió como respuesta a la necesidad de regular y gestionar el mercado laboral, así como de proporcionar apoyo a los trabajadores desempleados. Lo que en un principio se conoció como INEM (Instituto Nacional de Empleo), ha constituido una referencia en el sector público del país. A lo largo de los años, ha experimentado diversas transformaciones para adaptarse a los cambios en la economía y en las políticas de empleo.

A partir del Real Decreto-Ley 36/1978, de 16 de noviembre, surgió como el Instituto Nacional de Empleo (INEM) en el año 1981. Su creación respondió a la necesidad de facilitar la intermediación laboral, actuando como un nexo entre las personas que buscaban trabajo y las empresas que ofrecían empleo. En sus inicios, su papel estaba centrado únicamente en esta tarea de intermediación.

Con el paso del tiempo, el SEPE (Servicio Público de Empleo Estatal) ha evolucionado y ha ampliado sus funciones. En la actualidad, se ha convertido en el organismo público encargado de gestionar las políticas activas de empleo en España. Esto significa que también desarrolla y ejecuta medidas y programas destinados a fomentar el empleo, la formación profesional, la inserción laboral y todo lo que tenga que ver con los ciudadanos y el empleo.

Además de su función de intermediación laboral, el SEPE ahora administra una amplia gama de servicios y prestaciones relacionadas con el empleo, como la gestión de prestaciones por desempleo o la renta activa de inserción. También colabora estrechamente con otras instituciones públicas y privadas, así como con organismos internacionales, para desarrollar políticas y programas que promuevan el empleo y la inclusión laboral en España.

Imagen de la web oficial del SEPE

En resumen, el SEPE ha pasado de ser un simple intermediario laboral a tener un papel clave en las políticas activas de empleo, desempeñando un papel fundamental en la lucha contra el desempleo y la promoción del trabajo decente en el país.

Según la revista de la Seguridad Social (web del Ministerio de Inclusión, Seguridad Social y Migraciones), "la creación del INEM suponía la asunción de responsabilidad del Estado en problemas complejos como los del empleo, a través de un organismo que hiciera "operativas y congruentes las medidas de una política integral de empleo dentro del gran acuerdo de concertación social que supusieron los Pactos de la Moncloa".

1.2 FUNCIONES Y SERVICIOS OFRECIDOS

El SEPE desempeña un papel fundamental en el mercado laboral español, proporcionando una amplia gama de servicios y programas diseñados para facilitar la inserción laboral y mejorar las condiciones de los ciudadanos. ¿Cuáles son las funciones principales del SEPE?

▶ Intermediación laboral: facilita el encuentro entre demandantes de empleo y empresas que buscan trabajadores, a través de su red de oficinas de empleo y su plataforma online.

▶ Prestaciones por desempleo: administra y gestiona el pago de las prestaciones por desempleo, ofreciendo apoyo económico a los trabajadores que han perdido su empleo involuntariamente.

▶ Formación profesional: ofrece cursos y programas de formación para mejorar las habilidades y competencias de los trabajadores, adaptándose a las demandas del mercado laboral.

▶ Orientación e información: proporciona asesoramiento personalizado sobre opciones de formación, búsqueda de empleo, elaboración de documentos y demás aspectos relacionados con el empleo.

▶ Programas de empleo: desarrolla iniciativas y proyectos para fomentar la creación de empleo, la contratación de colectivos vulnerables y la inserción laboral de personas en situación de desventaja.

1.3 MARCO LEGAL Y NORMATIVO

El SEPE sigue las bases legales y normativas que se definen como institución del Estado y define las obligaciones que tienen que cumplir los ciudadanos para disfrutar de sus servicios.

En esta regulación, se encuentran diversas leyes, decretos y regulaciones que abarcan aspectos como la organización interna del SEPE, los derechos y deberes de los demandantes de empleo, así como los programas y ayudas disponibles.

La Ley 56/2003, de 16 de diciembre, de Empleo, es fundamental en este sentido. Esta ley establece el marco general de las políticas activas de empleo en España y define las funciones y competencias del SEPE en materia de intermediación laboral, orientación profesional, formación para el empleo, fomento del emprendimiento y gestión de las prestaciones por desempleo. También establece los principios de igualdad de oportunidades y accesibilidad en el acceso a los servicios del SEPE.

Imagen de la web oficial del SEPE

Por otro lado, el Real Decreto 7/2015, de 30 de octubre, por el que se aprueba el texto refundido de la Ley de Empleo, completa la normativa anterior y regula aspectos específicos relacionados con la gestión de las prestaciones por desempleo, los programas de empleo, las políticas de activación laboral y la colaboración con entidades públicas y privadas en el ámbito laboral. Ambas leyes, se encuentran en el BOE.

Además de la normativa nacional, el SEPE también se encuentra sujeto a las directrices y objetivos establecidos por la Unión Europea en materia de empleo. Esto se refleja en la incorporación de programas y proyectos cofinanciados por fondos europeos, así como en la adopción de medidas para promover la movilidad laboral, la formación continua y la inclusión social de colectivos vulnerables.

En resumen, la normas y leyes que regulan el funcionamiento del SEPE proporcionan una sólida base que garantiza la coherencia, la transparencia y la eficacia de los servicios ofrecidos en el ámbito del empleo y la inserción laboral. Además, promueve una mayor flexibilidad y capacidad de respuesta a las necesidades de los ciudadanos y del mercado laboral.

2

Inserción laboral

En este capítulo, se explorará y profundizará lo que implica el concepto de inserción laboral y todos los factores que influyen. Del mismo modo, se mencionarán todos los obstáculos que pueden estar presentes en la búsqueda de empleo.

2.1 DEFINICIÓN DE INSERCIÓN LABORAL

La inserción laboral es un proceso fundamental en la vida de cualquier individuo y en el funcionamiento de una sociedad. ¿Cómo podemos definir la inserción laboral? Se puede decir que son el conjunto de acciones y etapas que una persona debe realizar para acceder a un empleo adecuado, adaptarse al entorno laboral y contribuir de manera efectiva al mercado laboral.

Imagen de Diario Sur

En la práctica, la inserción laboral implica encontrar un empleo que se ajuste a las habilidades, conocimientos y expectativas profesionales de una persona, así como integrarse y desempeñarse de forma satisfactoria en dicho puesto. Este proceso es más que obtener un trabajo ya que implica también la adaptación a nuevas responsabilidades, el desarrollo de habilidades específicas para el puesto y la posibilidad de crecimiento y progreso dentro de la carrera profesional.

La inserción laboral es un proceso dinámico que puede involucrar una serie de fases, tales como la búsqueda activa de empleo, la preparación de documentos (CV, cartas de presentación, portfolios, etc.), la participación en entrevistas laborales, la negociación de condiciones laborales y la integración en el entorno laboral una vez contratado.

Es importante destacar que la inserción laboral no se limita únicamente al acceso a un empleo remunerado, sino que también puede incluir otras formas de participación en el mercado laboral como distintas formas de emprendimiento o la labora del autónomo.

La inserción laboral no solo beneficia al individuo que encuentra empleo, sino también a la sociedad en su conjunto. Cuando las personas encuentran un trabajo adecuado a su formación y la tasa de paro no es excesiva, aumenta el desarrollo económico y social. Cuanto más empleo, mayor estabilidad financiera, realización personal y dependencia personal para los usuarios.

Si bien es cierto que no todos los trabajadores pueden desempeñar cargos para los cuales se han preparado o dominan. En ocasiones, hay mucha demanda en algún sector o puesto en concreto. Aun así, el SEPE trata de acomodar y de buscar ofertas relacionadas con el perfil del demandante, aunque, en ocasiones, no sea posible encontrar un puesto adecuado.

En resumen, la inserción laboral es un proceso esencial para el desarrollo profesional de los individuos y para el crecimiento de la sociedad en su conjunto. Garantizar una inserción laboral exitosa requiere el compromiso y la colaboración tanto de los individuos como de las empresas, siendo el SEPE el órgano mediador que hace posible la comunicación entre ambos.

2.2 FACTORES QUE INFLUYEN EN LA INSERCIÓN LABORAL

La inserción laboral está influenciada por factores internos y externos. Muchos de ellos no dependen ni del individuo ni del SEPE, pero son igual de importantes. Los más importantes son los siguientes:

- **Formación y educación:** dos factores fundamentales para acceder a determinados puestos de trabajo. Aquellos con una formación más sólida y especializada suelen tener más oportunidades laborales. Aunque pueda sonar a cliché, cuanta más formación tenga el individuo, más opciones de encontrar un puesto de trabajo mejor adaptado hay.

▼ **Experiencia laboral:** la experiencia previa en el campo laboral es un factor determinante en la inserción laboral. Muchas empresas suelen valorar la experiencia del individuo y pueden requerirla para determinados puestos. Un tema que es siempre motivo de discusión, sobre todo en los más jóvenes, pero que se antoja también fundamental en la búsqueda de trabajo.

▼ **Habilidades y competencias:** las habilidades, tanto teóricas como técnicas, son esenciales para el éxito en el mercado laboral. Las empresas buscan candidatos que posean habilidades para el puesto, así como competencias como el trabajo en equipo, la comunicación efectiva y la resolución de problemas.

▼ **Condiciones del mercado laboral:** la situación del país, y por ende en su condición financiera, ayuda o dificulta la inserción laboral. Ejemplos como las diversas crisis o la pandemia del coronavirus, son claros ejemplos de que en tiempos difíciles es más complicado encontrar puestos de trabajo.

2.3 OBSTÁCULOS COMUNES EN LA BÚSQUEDA DE EMPLEO

La búsqueda de empleo no siempre es un camino de rosas y, en muchas ocasiones, se puede encontrar numerosos obstáculos que dificultan la inserción laboral de los individuos. Dichos obstáculos pueden variar, pero todos pueden obstaculizar el acceso a oportunidades laborales y generar frustración en los individuos. A continuación, se detallan algunos de los obstáculos más comunes en la búsqueda de empleo:

▼ **Falta de experiencia:** mencionado en el punto anterior, es uno de los problemas más frecuentes para los jóvenes que están formándose o que han acabado ya sus estudios. Muchas empresas prefieren contratar a candidatos con experiencia previa, aunque tengan peor formación. Esta falta de experiencia puede convertirse en un problema constante, ya que es difícil obtener experiencia sin haber tenido oportunidades laborales previas. Si no se tiene ninguna oportunidad, es imposible adquirir esa experiencia previa. Dicha oportunidad suele llegar a los jóvenes a través de las prácticas formativas que facilitan los institutos y universidades.

▼ **Discriminación:** un tema que ha progresado en los últimos años, aunque aún se siguen viendo casos. La discriminación en el ámbito laboral puede ser un obstáculo determinante para ciertos grupos de personas, incluidos aquellos pertenecientes a minorías étnicas, personas con discapacidad, personas mayores o mujeres. Puede encontrar de muchas formas y algunas de ellas se verán únicamente en la práctica. La exclusión en el proceso de selección, el trato desigual en el ámbito laboral o la falta de promoción dentro de la empresa son algunas de ellas.

▼ **Falta de habilidades específicas**: en un mercado laboral en constante evolución, la falta de habilidades específicas puede dificultar la búsqueda de empleo. Los ejemplos más claros son el conocimiento de otro idioma, generalmente el inglés, y las habilidades informáticas. La falta de estas habilidades puede limitar las oportunidades de empleo y dificultar la inserción laboral.

▼ **Limitaciones geográficas:** cada persona es diferente, por lo que no todas tienen las opciones de transporte o los medios económicos para desplazarse a un lugar de trabajo concreto. Puede aparecer una oportunidad de trabajo buena pero que se tenga que declinar por vivir en un área rural o por no disponer de los medios necesarios.

▼ **Barreras lingüísticas:** obstáculo importante para aquellas personas cuyo idioma nativo no es el mismo que se utiliza en el lugar de trabajo. La falta de fluidez en el idioma local puede dificultar la comunicación efectiva con empleadores y jefes, así como limitar las oportunidades de empleo en ciertas ofertas que requieren un alto nivel de dominio del idioma.

Estos obstáculos pueden generar estrés y ansiedad en los buscadores de empleo y frenar su ilusión y confianza de cara a encontrar una oferta laboral adecuada. Sin embargo, es importante conocer que superar estos desafíos no es imposible y que existen recursos y apoyos disponibles para ayudar a los individuos a superar estas barreras y lograr una inserción laboral exitosa.

3

Herramientas y recursos del SEPE para la inserción laboral

3.1 ORIENTACIÓN LABORAL: SERVICIOS Y ASESORAMIENTO

La orientación laboral es un servicio fundamental proporcionado por el SEPE para ayudar a los individuos en el mundo laboral y en su carrera profesional. Este servicio no solo se enfoca en la búsqueda de trabajo, sino que también abarca la búsqueda de habilidades y la mejora en la preparación. A través de una combinación de asesoramiento individualizado, talleres de empleo y recursos informativos, el SEPE ofrece un apoyo integral para ayudar a los demandantes de empleo a tomar la mejor decisión para su futuro laboral.

▶ **Asesoramiento individualizado:** los orientadores laborales del SEPE ofrecen asesoramiento individual para ayudar a los usuarios a identificar sus puntos fuertes, debilidades y las distintas áreas de interés profesional para el demandante. Este asesoramiento se basa en entrevistas personales y evaluaciones de competencias para comprender las necesidades y objetivos de cada individuo. Durante las sesiones, se tratan temas como la experiencia laboral previa, la formación académica, las habilidades y las preferencias profesionales. A partir de esta información, se desarrolla un plan de acción personalizado que incluye estrategias específicas para la búsqueda de empleo, la mejora de habilidades y la opción de oportunidades de formación.

▶ **Talleres de empleo:** además del asesoramiento individual, el SEPE organiza talleres grupales de una variedad de temas relacionados con la búsqueda de empleo y el desarrollo profesional. Estos talleres proporcionan una oportunidad para que los usuarios aprendan nuevas habilidades, compartan experiencias y obtengan información relevante sobre el mercado laboral. Algunas de las cosas que se aprenden son la elaboración de currículums, saber desenvolverse en una entrevista, desarrollo de habilidades de comunicación, gestión del tiempo efectivo y estrategias de **networking**. Estas sesiones grupales fomentan el aprendizaje colaborativo y ofrecen a los participantes la oportunidad de recibir información y consejos que pueden ser determinantes en su futuro laboral.

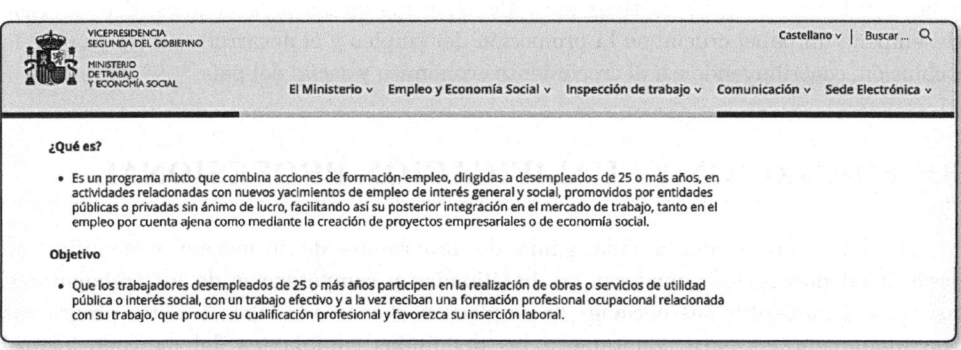

Página web del Ministerio de trabajo y economía social

▶ **Recursos informativos**: el SEPE también proporciona una amplia gama de recursos informativos para ayudar a los usuarios en su búsqueda de empleo. Estos recursos incluyen materiales impresos, guías en línea, bases de datos de empleo, herramientas de autoevaluación y portales de empleo. Los usuarios pueden acceder a información sobre oportunidades laborales, requisitos de trabajo, salarios, tendencias del mercado laboral y programas de formación disponibles. Además, el SEPE ofrece acceso a servicios en línea, como el portal de empleo del SEPE, donde los usuarios pueden buscar y solicitar empleo, inscribirse en cursos de formación y acceder a recursos adicionales para mejorar sus habilidades profesionales.

Imagen del sitio web oficial del SEPE

En resumen, la orientación laboral proporcionada por el SEPE es un recurso valioso para los buscadores de empleo en todas las etapas de su carrera profesional. A través de asesoramiento individualizado, talleres de empleo y recursos informativos, el SEPE ayuda a los individuos a identificar sus puntos fuertes, conocer las distintas opciones de empleo y desarrollar estrategias efectivas para alcanzar sus metas profesionales. Este servicio desempeña un papel crucial en la promoción del empleo y el desarrollo profesional de la población, contribuyendo así al crecimiento económico y social del país.

3.2 FORMACIÓN Y CUALIFICACIÓN PROFESIONAL

El SEPE ofrece una amplia gama de programas de formación y cualificación profesional destinados a mejorar las habilidades y competencias de los trabajadores, así como a aumentar sus opciones de empleo en el mercado laboral. Estos programas son fundamentales para adaptarse a las demandas cambiantes del mercado laboral y garantizar que los individuos estén preparados para enfrentarse a los desafíos y oportunidades que surgen en el entorno laboral actual. Es algo muy importante ya que las nuevas tecnologías y nuevas formas de trabajo están muy presentes, sobre todo en la mayoría de empresas del país. Por poner algún ejemplo, si se echa la vista atrás unos años atrás, al principio del siglo XXI, nadie podía imaginar la importancia de las redes sociales dentro de una empresa o la necesidad de estar a la vanguardia tecnológica.

A continuación, exploraremos en detalle algunos de los aspectos más relevantes de los programas de formación y cualificación profesional ofrecidos por el SEPE:

▶ **Oferta formativa:** los cursos de formación son programas diseñados para proporcionar a los participantes las habilidades y conocimientos necesarios para desempeñar un determinado trabajo o actividad laboral. Estos cursos cubren una amplia variedad de áreas profesionales y son importantes para crear o perfeccionar conocimientos en un determinado área. Los participantes tienen la oportunidad de adquirir habilidades teóricas y prácticas y específicas para su campo de interés, lo que les permite mejorar sus prestaciones y acceder a nuevas oportunidades laborales. Dicha formación está disponible también para personas con empleo, aunque hay algunas específicas para desempleados.

▶ **Certificados de profesionalidad:** los certificados de profesionalidad son títulos oficiales que acreditan la competencia de un individuo para desempeñar una determinada ocupación. Estos certificados son reconocidos a nivel nacional y están diseñados para validar las habilidades y conocimientos adquiridos a través de la experiencia laboral o la formación. Los programas de certificación de profesionalidad ofrecidos por el SEPE cubren una amplia gama de sectores y ocupaciones. Como se puede ver en la imagen, en la web oficial del SEPE puedes encontrar toda la información necesaria.

Los Certificados de Profesionalidad son acreditaciones oficiales de las cualificaciones del Catálogo Nacional de Cualificaciones Profesionales. Están estructurados en competencias profesionales y su formación modular asociada. Cualquier ciudadano puede obtener un Certificado de Profesionalidad a lo largo de su vida, independientemente de su situación laboral o su edad.

En este desplegable puedes encontrar toda la información sobre:

- Cómo se obtienen los Certificados de Profesionalidad
- Quién acredita y qué reconocimiento tienen
- Para qué puestos de trabajo y competencias profesionales prepara un Certificado de Profesionalidad
- Dónde puedes recibir la formación de los Certificados de Profesionalidad
- Qué requisitos se exigen para acceder a la formación de los Certificados de Profesionalidad

Página oficial del SEPE

▶ **Formación profesional dual**: el SEPE promueve programas de aprendizaje y formación en alternancia con el empleo, en los cuales los participantes combinan la formación teórica en un centro educativo con la práctica laboral en una empresa. Ofrecen una experiencia práctica además de ofrecer a los participantes la posibilidad de adquirir habilidades que pueden usar en el entorno laboral. Además, facilita la transición de los participantes al mundo laboral al tiempo que fomenta la colaboración entre el sector educativo y el empresarial.

En este desplegable podrás encontrar información sobre la **Formación Profesional Dual**, conjunto de acciones e iniciativas formativas, mixtas de empleo y formación, que tienen por objeto la cualificación profesional de los trabajadores en un régimen de alternancia de actividad laboral en una empresa con la actividad formativa recibida en el marco del sistema de formación profesional para el empleo o del sistema educativo.

La formación profesional dual en el sistema de formación para el empleo se materializa a través del **Contrato para la Formación y el Aprendizaje**. La formación profesional dual en el sistema educativo se formaliza a través de un convenio de colaboración entre los centros participantes y las empresas del sector correspondiente a través de un sistema de becas.

Para una mejor lectura en pantalla o para que pueda ser impreso en un papel tipo A4, tienes también una hoja informativa con el mismo contenido.

Página oficial del SEPE

▶ **Programas específicos para colectivos vulnerables**: el SEPE desarrolla programas específicos de formación para colectivos vulnerables, como personas desempleadas de larga duración, jóvenes sin oportunidades o experiencia laboral, personas con discapacidad y otros grupos en riesgo de exclusión social. Estos programas están diseñados para proporcionar apoyo adicional y adaptado a las necesidades específicas de cada grupo, con el objetivo de mejorar sus opciones de empleo y facilitar su inserción en el mercado laboral. Los programas pueden incluir formación especializada, apoyo psicológico, prácticas laborales y acceso a oportunidades de empleo protegido.

Proyectos para Colectivos vulnerables

Estos proyectos se dirigirán a los desempleados de larga duración, que seguirán itinerarios personalizados e individualizados en los que se integrarán diferentes acciones, como: acciones de asesoramiento y acompañamiento, programas de orientación, asistencia por parte de equipos de búsqueda de empleo, becas de formación y para la conciliación, ayudas a la contratación laboral y seguimiento de las actuaciones.

Página oficial del SEPE

En resumen, los programas de formación y cualificación profesional ofrecidos por el SEPE son fundamentales para mejorar las habilidades y competencias de los trabajadores y aumentar sus opciones de encontrar empleo en el mercado laboral. A través de una combinación de oferta formativa, certificados de profesionalidad, programas de formación profesional dual y medidas específicas para colectivos vulnerables, el SEPE contribuye al desarrollo personal y profesional de los individuos, así como al crecimiento económico y social del país. Un instrumento necesario para poder avanzar y evolucionar como país y como sociedad que acerca de manera necesario la posibilidad de empleo a todos los ciudadanos.

3.3 PROGRAMAS DE EMPLEO Y APOYO A LA INSERCIÓN LABORAL

Los programas de empleo y apoyo a la inserción laboral son una parte fundamental de la estrategia del SEPE para facilitar la integración de los desempleados en el mercado laboral y reducir la tasa de desempleo. Estos programas van más allá de la formación y la orientación laboral, ofreciendo medidas concretas y prácticas para mejorar las oportunidades de empleo. A continuación, se analiza en detalle algunos de los programas clave ofrecidos por el SEPE:

▼ **Programas de inserción laboral:** los programas de inserción laboral del SEPE están diseñados para proporcionar a los desempleados las herramientas y el apoyo necesarios para encontrar trabajo de manera rápida y efectiva. Pueden incluir actividades como la búsqueda activa de empleo, la preparación de currículums y cartas de presentación, la mejora de habilidades de cara a una entrevista, la identificación de oportunidades laborales y la asistencia en la tramitación de solicitudes de empleo. Los participantes reciben orientación y seguimiento personalizado por parte de orientadores laborales para ayudarles a superar los obstáculos y desafíos en su búsqueda de empleo.

▼ **Programas de inserción socio-laboral:** los programas de inserción socio-laboral van más allá de la simple búsqueda de empleo, abordando las posibles barreras sociales y personales que pueden impedir que ciertos grupos de personas accedan al mercado laboral. Dichos programas están dirigidos a colectivos vulnerables, como personas con discapacidad, personas en riesgo de exclusión social, jóvenes en situación de vulnerabilidad y parados de larga duración. Los programas pueden incluir medidas como la formación en habilidades sociales y emocionales, el apoyo psicológico, diferentes prácticas laborales y la intermediación con empleadores dispuestos a contratar a personas en situación de vulnerabilidad.

Ejemplo de promoción del SEPE

▼ **Programas de empleo para jóvenes**: el SEPE desarrolla programas específicos para apoyar la inserción laboral de los jóvenes, uno de los grupos más afectados por el desempleo, aunque tengan una formación necesaria. Estos programas pueden incluir incentivos para la contratación de jóvenes por parte de empresas, programas de prácticas laborales remuneradas, orientación profesional y formación en habilidades específicas para el mercado laboral. El objetivo es claro: proporcionar a los jóvenes las oportunidades y el apoyo necesario para acceder al mercado laboral y desarrollar una carrera profesional satisfactoria. Si estás en una edad desde los 16 a los 30 años, en cualquier oficina o vía online (como se muestra en la imagen de abajo) puedes solicitar el acceso a la aplicación y tienes disponible los formularios.

Página oficial del SEPE

► **Programas de fomento del empleo autónomo**: el SEPE ofrece programas de fomento para aquellos individuos que desean iniciar su propio negocio o actividad empresarial. Estos programas proporcionan apoyo financiero, asesoramiento técnico y formación empresarial para ayudar a los emprendedores a poner en marcha y gestionar con éxito su negocio. Los participantes pueden recibir subvenciones, préstamos a bajo interés y asistencia en la elaboración de planes de negocio y estrategias de marketing. Es una iniciativa que busca ayudar al autónomo en la larga travesía que puede significar abrir y mantener un negocio propio.

En resumen, los programas de empleo y apoyo a la inserción laboral del SEPE son fundamentales para facilitar la transición de los desempleados al mercado laboral y mejorar sus opciones de empleo. A través de una combinación de programas de inserción laboral, inserción socio-laboral, empleo para jóvenes y fomento del empleo autónomo, el SEPE contribuye a reducir la tasa de desempleo y promover la inclusión social y laboral de los ciudadanos.

4

Técnicas efectivas de búsqueda de empleo

En el actual panorama laboral, la búsqueda de empleo se ha convertido en un proceso cada vez más competitivo y complejo. No vale con tener una buena formación o ser un especialista en algún campo. Por ello, es crucial que los candidatos dispongan de habilidades y estrategias efectivas para destacar entre la multitud y asegurar oportunidades laborales adecuadas a sus perfiles y aspiraciones. En este capítulo, se explorarán las diversas técnicas y herramientas que los buscadores de empleo pueden emplear para optimizar su búsqueda y aumentar sus posibilidades de éxito. ¿Te atreves a destacar entre la multitud?

4.1 ELABORACIÓN DE UN CV EFECTIVO

El currículum vitae es la herramienta más importante en la búsqueda de empleo, ya que es la primera impresión y conocimiento que los empleadores tendrán de un candidato. Un currículum (que se puede ver con sus siglas CV) efectivo debe ser claro, conciso y relevante para el puesto al que se está aplicando. Algunos aspectos clave a tener en cuenta al elaborar un currículum son:

▸ **Estructura clara y ordenada**: el currículum debe estar organizado de manera lógica, con las diferentes secciones bien definidas, incluyendo información relevante como experiencia laboral, formación académica, habilidades y logros destacados. Es importante, además de la experiencia profesional y la formación académica, señalar el nivel de los idiomas y el manejo con los diferentes programas informáticos.

- **Personalización**: es muy importante adaptar el currículum a cada oferta de trabajo, resaltando las habilidades y experiencias más relevantes para el puesto en cuestión. Esto muestra al equipo de recursos humanos que el candidato ha dedicado tiempo a investigar la empresa y entender sus necesidades. Por ejemplo, si la oferta de trabajo es con algo relacionado con el mundo de la alimentación (véase un establecimiento culinario o que oferta diferentes tipos de comida *gourmet*) realzar las habilidades que se tienen en dicho campo. Pongamos un ejemplo claro: si solicitan a un periodista o *copywriter* para un puesto de noticias sobre alimentación, cabe resaltar toda la experiencia, ya sea de forma presencial o académica, que se tenga de ese ámbito. No es aconsejable descartar aquellos hechos que no consideres importantes porque para le empresa pueden ser válidos. No escatimes, toda experiencia es positiva.
- **Destacar logros y habilidades**: se debe resaltar todo aquello que ayude a adaptarte más al puesto, utilizando ejemplos demostrables siempre que sea posible. Esto añade un factor positivo al demandante. Como se ha mencionado anteriormente, no creas que cualquier experiencia pueda ser invalidada.
- **Evitar errores**: es fundamental revisar el currículum cuidadosamente en busca de errores gramaticales o de ortografía, así como asegurarse de que la información proporcionada sea precisa y actualizada. Una buena presentación y un uso correcto de la gramática es más importante de lo que crees.

▶ **Presencia:** Al igual que el contenido es importante, también lo es la primera impresión. Una foto adecuada, un esquema elaborado y una buena presentación puede hacer que el currículum no sea descartado a las primeras de cambio. Un buen regalo también se valora por su envoltorio.

4.2 CARTA DE PRESENTACIÓN Y OTROS DOCUMENTOS

La carta de presentación es otro elemento importante en la búsqueda de empleo, ya que proporciona una oportunidad adicional para destacar las cualidades y motivaciones del candidato. Algunos consejos para escribir una carta de presentación efectiva son:

▶ **Personalización:** Al igual que con el currículum, la carta de presentación debe ser personalizada para cada oferta de trabajo, mostrando a la empresa por qué el candidato es el adecuado para el puesto en cuestión.

▶ **Brevedad y claridad**: la carta de presentación debe ser concisa y directa, destacando las habilidades y experiencias más relevantes del candidato de manera clara y convincente. Es igual de importante que el currículum si la empresa lo solicita, por lo que no es aconsejable que se tome como algo secundario.

▶ **Demostrar interés y motivación**: es importante que la carta de presentación muestre al empleador que el candidato está genuinamente interesado en el puesto y la empresa, y que comprende los desafíos y oportunidades asociados con el mismo. Añadir elementos y cualidades específicas para el puesto demuestra interés para la empresa solicitante.

43

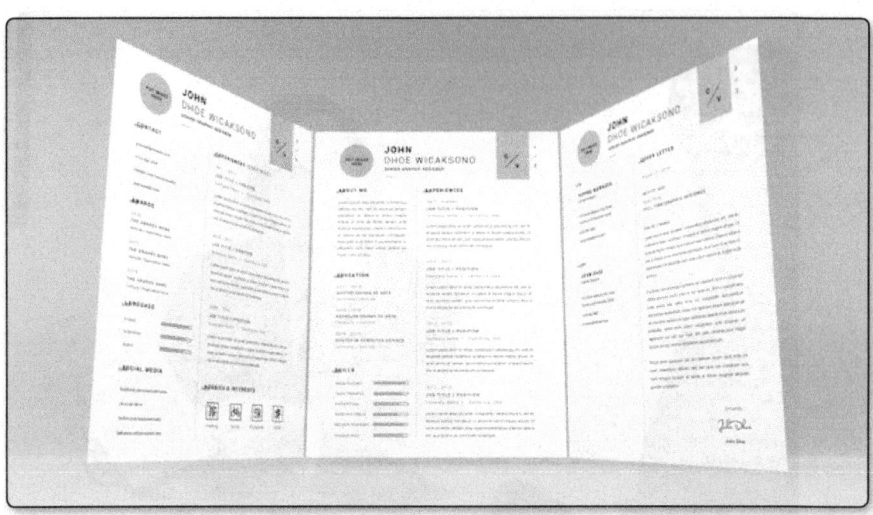

Además de la carta de presentación, otros documentos relevantes que pueden ser útiles en la búsqueda de empleo incluyen referencias profesionales, certificados de formación y diplomas, muestras de trabajo o portfolios, y cualquier otra documentación que respalde las habilidades y cualificaciones del candidato. El **portfolio** se ha vuelto algo indispensable en los últimos años, convirtiéndose en un currículum visual en el que poder demostrar, de manera gráfica y visual, las diferentes virtudes y trabajos que se han realizado a lo largo de los años. Con la posibilidad de añadir de manera multimedia tus trabajos y experiencias, es un buen arma para atraer la atención de las empresas.

4.3 ESTRATEGIAS DE NETWORKING Y BÚSQUEDA ACTIVA DE EMPLEO

El networking es una estrategia poderosa en la búsqueda de empleo, ya que puede abrir puertas a oportunidades laborales que de otro modo podrían pasar desapercibidas. Es lo que comúnmente se conoce como red de contactos. "Tirar de contactos" es una estrategia demasiado visible desde que existe la actividad laboral. Algunas estrategias efectivas de networking incluyen:

▼ **Informa a tus contactos:** que toda la gente que conoces, sea a través de ti o de algún familiar o amigo, sepa de tus virtudes laborales o de tu disponibilidad a la hora de buscar trabajo. Más viejo que el hilo negro y con unos resultados espectaculares.

▼ **Asistir a eventos y ferias de empleo:** participar en eventos de networking, ferias de empleo y conferencias relacionadas con la industria puede proporcionar oportunidades para conocer contactos y establecer contactos profesionales valiosos.

▶ **Utilizar plataformas online:** las redes sociales profesionales como Linkedin o incluso las usuales como Instagram o TikTok son herramientas útiles para establecer y mantener conexiones con otros profesionales de la industria, así como para buscar oportunidades de empleo y recibir recomendaciones. Muchas de las colaboraciones han surgido así, por lo que no tengas miedo de escribir a alguien que crees que pueda ser un buen aliado.

▶ **Mantener contactos existentes**: es importante mantener una red de contactos profesionales activa, manteniendo el contacto con antiguos colegas, profesores, mentores y otros profesionales de la industria. El anterior ejemplo de Linkedin es una buena opción para que tus mencionados contactos vena tu progreso profesional.

Además del networking, la búsqueda activa de empleo implica tomar medidas para identificar y aprovechar oportunidades de empleo. Esto puede incluir enviar solicitudes espontáneas a empresas de interés, participar en programas de prácticas o voluntariado para adquirir experiencia relevante y utilizar recursos como bolsas de trabajo online y agencias de colocación para buscar oportunidades de empleo. Hoy en día, las agencias de trabajo online son comunes y muy fáciles de encontrar y pertenecer a ellas. Elabora un perfil adecuado, personaliza las notificaciones y añade vía online todas las actualizaciones de tu currículum, carta de presentación y portfolio que hayas realizado.

4.4 ENTREVISTAS DE TRABAJO: PREPARACIÓN Y DESARROLLO

La entrevista de trabajo es el paso final en el proceso de selección y es fundamental para demostrar al empleador que el candidato es el adecuado para el puesto. Es muchas ocasiones, se hará más de una entrevista. No te preocupes, hay diferentes secciones dentro de una empresa y no tiene nada que ver el departamento dirigido a la selección de personal que el propio departamento en el que puedes ser asignado. Para prepararse para una entrevista de trabajo exitosa, es importante:

▼ Informarse del puesto de trabajo: aunque te hayan llamado por el currículum que hayas enviado, es fundamental saber el puesto específico por el que te han llamado. Pregunta o investiga para ir preparado de la mejor forma posible y evitar así posibles sorpresas durante la entrevista de trabajo.

▼ **Investigar la empresa:** antes de la entrevista, es fundamental investigar a la empresa para comprender su cultura, valores éticos, productos, servicios, y cualquier otro aspecto relevante que pueda surgir durante la entrevista. Sobre todo, si no sabes nada de la empresa o si es nueva en tu punto geográfico. Anota referencias y posibles experiencias para dejar constancia de que conoces tu futuro lugar de trabajo.

▼ **Practicar respuestas a preguntas comunes**: es útil practicar respuestas a preguntas comunes de entrevistas, como las relacionadas con la experiencia laboral, las habilidades y los conocimientos, así como preparar ejemplos específicos para respaldar las respuestas. Hay múltiples estrategias y todas ellas válidas. Grabarte con el teléfono móvil o practicar delante del espejo, todas son idóneas si permiten que vayas con confianza y con la autoestima alta a la entrevista.

▼ **Preparar preguntas para el entrevistador**: es importante preparar algunas preguntas para hacer al entrevistador al final de la entrevista, demostrando interés y compromiso con el puesto y la empresa. Interesarte por tus funciones, por el ambiente de trabajo o por el funcionamiento suelen ser buenos indicadores de tu predisposición. Hay temas como el salario o los días de vacaciones que puedes sacar pero que no deberías anteponer para no dar una sensación errónea. No equivoques términos. Un buen sueldo y los días de descanso son necesarios y una de las cosas que se priorizan en un trabajo, pero no dejes que tu inconsciente te pierda y que exteriorice de una forma exaltada.

Durante la entrevista, es importante mantener una actitud profesional y positiva, comunicarse de manera clara y efectiva, y mostrar confianza en las habilidades y cualificaciones del candidato. Sé tú mismo, intenta que los nervios no te controlen y confía en tus posibilidades. Al finalizar la entrevista, es importante enviar un correo electrónico de agradecimiento al entrevistador, expresando gratitud por la oportunidad y reiterando el interés en el puesto. Es positivo que lo demuestres, pero sin excederte. Si te facilitan un número de teléfono, agradece las molestias y su tiempo, pero no escribas ni llames constantemente porque suele tratarse de números de empresa al que solo acuden para fines laborales. Y tu solicitud está visible, aunque creas que no, por lo que no fuerces una situación que puede volverse en tu contra.

En resumen, dominar las técnicas de búsqueda de empleo es fundamental para tener éxito en el mercado laboral actual. Al elaborar un currículum vitae efectivo, escribir una carta de presentación persuasiva, usar un portfolio como medio de respaldar tu solicitud, utilizar estrategias de *networking* efectivas y prepararse adecuadamente para las entrevistas de trabajo, los candidatos pueden aumentar bastante sus posibilidades de encontrar y asegurar oportunidades laborales que se ajusten a sus habilidades y aspiraciones. Con total sinceridad y sin desmerecer tu valía y tus conocimientos, aprovecha todas tus opciones de la forma más válida para tu futuro profesional.

5

Adaptación al mercado laboral actual

En el dinámico y cambiante panorama laboral actual, es fundamental que los trabajadores estén informados de las tendencias y demandas del mercado laboral para poder adaptarse y mantenerse competitivos y actualizados. En este capítulo, exploraremos las principales tendencias, sectores y perfiles con mayor demanda de empleo, así como las habilidades y competencias más valoradas por las empresas. Estar actualizados y al tanto de todas las novedades, así como de los requerimientos que cada empresa demanda son situaciones obligatorias en este tiempo. Adaptarse es más necesario que nunca.

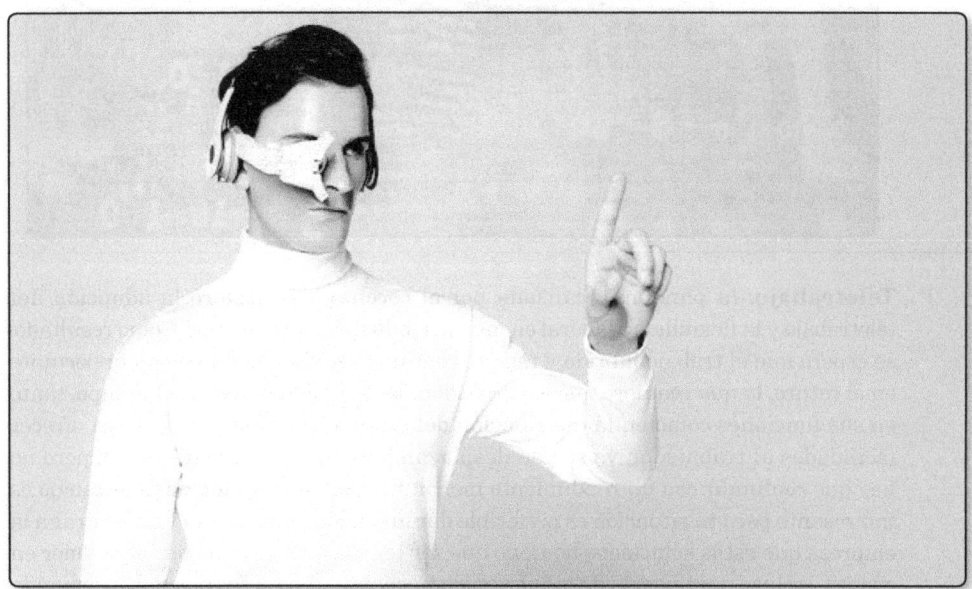

5.1 TENDENCIAS Y DEMANDAS DEL MERCADO LABORAL

El mercado laboral actual está experimentando una serie de tendencias y cambios significativos que están cambiando la manera en que se concibe y se lleva a cabo el trabajo. Estas tendencias incluyen:

▸ **Digitalización**: *l*a creciente digitalización en todos los aspectos, impulsada por avances tecnológicos como la inteligencia artificial y la automatización, está transformando todas las facetas relacionadas con el trabajo. Mientras que algunas tareas rutinarias están siendo automatizadas, se están creando nuevas oportunidades en campos relacionados con la tecnología de la información, el análisis de datos y el desarrollo de software. Los profesionales que poseen habilidades en estos campos tienen una gran demanda en el mercado laboral actual. Renovarse es más necesario que nunca, por lo que aprovechar las opciones, tanto en forma de cursos como de charlas, que te dan las empresas o el SEPE son siempre buena opción para estar al día de las nuevas tecnologías y de los avances que se implantan en las empresas.

▼ **Teletrabajo**: la pandemia causada por el coronavirus aceleró la adopción del teletrabajo y la flexibilidad laboral en muchas industrias y comercios. Como resultado, se espera que el trabajo híbrido y remoto continúe siendo una tendencia importante en el futuro, lo que requiere que los profesionales sepan aprovechar el tiempo, tanto en sus funciones como en la distribución del tiempo. Teletrabajar significa ofrecer facilidades al trabajador, ya sea en desplazamiento o en ahorro de costes, pero no hay que confundir con un rendimiento menor. Es más, si la opción del teletrabajo es interesante para tu situación es preferible dar un mejor rendimiento y demostrar a la empresa que estas soluciones no tiene que ser temporales y sí una opción a tener en cuenta, incluso para usarla de manera más frecuente o en meses de menos demanda como julio o agosto, los que dispongan de menos laborales en estos meses.

▸ **Sostenibilidad y Responsabilidad Social**: existe una creciente conciencia sobre la importancia de esto términos entre las empresas y los consumidores. Como resultado, se está generando una demanda creciente de profesionales con experiencia en campos como energías renovables, eficiencia energética, gestión ambiental y desarrollo sostenible. Al igual que se ha mencionado anteriormente, adaptarse a las nuevas demandas es fundamental y realizar cursos y seminarios adaptados a estas nuevas tendencias son esenciales para poder crecer en el ámbito profesional.

▸ **Economía gig**: el auge de la economía gig está cambiando la forma en que se concibe el trabajo, con un creciente número de profesionales optando por el trabajo independiente y la autonomía laboral. Plataformas digitales como Uber o Airbnb están proporcionando nuevas oportunidades de trabajo, pero también plantean desafíos en términos de protección laboral y seguridad social. Para conocer este nuevo tipo, son personas que realizan determinados trabajos que pueden ser temporales o para diferentes eventos y no hacerlo para una única empresa. Además de los mencionados anteriormente, Booking es otro claro ejemplo de esta opción.

▸ **Aprendizaje continuo**: en un mundo de constantes cambios, el aprendizaje continuo y el desarrollo de habilidades son fundamentales para mantenerse activo en el mercado laboral. Los profesionales que invierten en su desarrollo personal y profesional tienen más probabilidades de adaptarse con éxito a las nuevas demandas y oportunidades laborales. Un buen consejo es estar siempre abierto a las nuevas tendencias y con la mente abierta para aprender nuevos conceptos y técnicas que puedan hacerte mejorar profesionalmente.

En resumen, el mercado laboral actual está siendo moldeado por una serie de tendencias y demandas que están transformando la forma en que se trabaja y las habilidades que se valoran en el entorno laboral. Para prosperar, los trabajadores deben estar al tanto de estas tendencias y prepararse para adaptarse a los cambios que trae consigo el futuro del trabajo. Renovarse o morir.

5.2 SECTORES Y PERFILES CON MAYOR DEMANDA DE EMPLEO

Algunos sectores y perfiles profesionales están experimentando una mayor demanda en el mercado laboral actual debido a las tendencias y necesidades del mercado. Entre ellos se encuentran:

▸ **Tecnología de la información y la comunicación (TIC):** la demanda de profesionales en el campo de la tecnología sigue siendo alta, con especial demanda en varios puestos de trabajo como desarrolladores de software, analistas de datos, ingenieros de sistemas, expertos en ciberseguridad o gestores de redes sociales. Pero también en otros ámbitos como las relaciones laborales o el trabajo en remoto. Las nuevas generaciones tienen mucho ganado al estar acostumbrados a usar las nuevas tecnologías, entre las que se incluyen los teléfonos móviles, ordenadores y tabletas. Aunque muchos de los trabajadores son capaces de renovarse, entrar en una nueva empresa con estas capacidades ya aprendidas y dominarlas a un nivel más que óptimo es un buen reclamo.

- **Salud y atención social**: el cambio en la población y la creciente demanda de servicios de atención médica están impulsando la demanda de profesionales de la salud, como médicos, enfermeras, terapeutas y trabajadores sociales. Aunque era un sector que se desprestigió durante cierto tiempo, la pandemia del coronavirus y sus consecuencias incentivaron el papel de los profesionales de la salud. Las opciones, tanto en universidad como en ciclos formativos, son amplias, por lo que, si crees que puedes rendir en este ámbito, tienes muchas opciones para trabajar en ello.
- **Energía y medio ambiente:** con el creciente enfoque en la sostenibilidad, hay una demanda creciente de profesionales en sectores como energías renovables, eficiencia energética, gestión ambiental y desarrollo sostenible. Tanto en ciudad como en ámbitos rurales hay mucha demanda, sobre todo en las mencionadas energías renovables. Hay cursos y formación dedicadas a estos campos, por lo que es una buena opción para enfocar tu futuro.

- **Educación y formación**: la necesidad de adquirir nuevas habilidades y mantenerse actualizado en un mercado laboral en constante cambio está impulsando la demanda de profesionales en el campo de la educación y la formación, incluidos maestros y formadores. Hay distintos campos y secciones para convertirse en educador, por lo que no hay que cerrar nunca esta puerta. Ser profesor no siempre es enseñar en primaria o secundaria, Hay muchos profesionales que han sido contratados por institutos o universidades para enseñar una materia especializada, por lo que las opciones de enseñanza son mucho más variadas de lo que puedes creer en un principio.

5.3 HABILIDADES Y COMPETENCIAS VALORADAS POR LAS EMPRESAS

En un mercado laboral altamente competitivo, las empresas buscan cada vez más profesionales que no solo tengan las habilidades técnicas necesarias para realizar el trabajo, sino también los conocimientos y los conceptos que les permitan adaptarse y sobresalir en un entorno laboral dinámico. Algunas de las habilidades y competencias más valoradas por las empresas incluyen:

▶ **Comunicación efectiva**: la capacidad para comunicarse de manera clara y empática es fundamental en cualquier entorno laboral facilita la colaboración, resuelve conflictos y promueve un ambiente de trabajo positivo. Saber expresarse e indagar en los temas relacionados con el trabajo pueden ayudar a solucionar posibles problemas que tenga la empresa, algo que es muy valorado. En todo puesto de trabajo hay que saber sacar soluciones más que derivar en otros esa responsabilidad. Esa iniciativa puede hacerte destacar y sobresalir del resto.

▶ **Pensamiento crítico**: la capacidad para analizar información, evaluar argumentos y tomar decisiones fundamentadas es esencial en un mundo empresarial complejo y en constante cambio. Y con crítico no se refiere a los demás compañeros o jefes, ya que las críticas, tanto positivas como negativas, han de comenzar por uno mismo. Conocer y solucionar los problemas es una habilidad al alcance de muy pocos que te abrirá muchas puertas.

▼ **Trabajo en equipo**: algo muy apreciado por todas las empresas, La capacidad para trabajar de manera efectiva en equipo, colaborar con otros, compartir ideas y resolver problemas de forma conjunta es cada vez más importante en un entorno laboral interconectado y globalizado. Aquí, más que nunca, tiene sentido la frase "la unión del rebaño hace que el lobo se acueste con hambre". Una perfecta unión, aunque muchas veces no sea posible, es algo fundamental en el futuro y el devenir de cualquier empresa. Olvida la competitividad y querer destacar a cualquier precio. A la larga, se valorará tu trabaja sin tener que desprestigiar a los demás.

▼ **Gestión del tiempo y organización**: la capacidad para gestionar de forma eficiente el tiempo, establecer prioridades, cumplir plazos y mantenerse organizado es fundamental para mantener la productividad y el rendimiento en el trabajo. Los plazos están para cumplirlos, aunque a veces no se puedan cumplir. No tener algo en un periodo de tiempo que establezca la empresa no significa que no seas válido. La comunicación es lo más importante. Si no puedes cumplir con las exigencias no es algo que tenga que desmoralizarte. Una charla con tu superior puede ofrecerte más opciones y darte esa tranquilidad que necesitas.

En resumen, para adaptarse con éxito al mercado laboral actual, es crucial que los trabajadores estén al tanto de las tendencias y demandas del mercado, identifiquen sectores y perfiles con mayor demanda de empleo, y desarrollen habilidades y competencias valoradas por las empresas. Esto les permitirá mantenerse competitivos y aprovechar las oportunidades laborales que surjan en un entorno laboral en constante evolución. Saber comunicarse, estar siempre activos y actualizados son factores determinantes para mantenerse y crecer en el ámbito laboral.

6

Estrategias efectivas en la búsqueda de empleo

6.1 FORMACIÓN CONTINUA Y DESARROLLO PROFESIONAL

Estar en continuo crecimiento y mejorando las prestaciones son componentes esenciales para mejorar la empleabilidad y aumentar las oportunidades de inserción laboral en un mercado cada vez más competitivo y en constante evolución.

En primer lugar, la importancia de la formación continua radica en la necesidad de mantenerse actualizado y adquirir nuevas habilidades y conocimientos que sean relevantes para el mercado laboral actual.

Este proceso no se limita únicamente a la obtención de títulos académicos, sino que también incluye la participación en cursos de formación, la obtención de certificaciones específicas para determinadas industrias o roles, y la participación en programas de educación continua. También es importante el conocimiento en su sector, ya que si, por ejemplo, el trabajo se desarrolla en el ámbito deportivo será muy valorable el conocimiento de las novedades y de todas las nuevas informaciones que puedan hacer mejorar la situación laboral.

La adquisición de nuevas habilidades y conocimientos permite a los profesionales adaptarse a los cambios tecnológicos, las tendencias del mercado y las nuevas demandas laborales. Por ejemplo, en un entorno empresarial cada vez más digitalizado, las habilidades en tecnologías de la información y la comunicación (TIC) son altamente valoradas. Del mismo modo, la capacidad para trabajar en equipo, la resolución de problemas, y el pensamiento crítico son competencias transversales que son buscadas por los empleadores en diversos sectores.

La formación continua también ayuda a diferenciar a los candidatos en un mercado laboral competitivo. Aquellos que invierten en su desarrollo profesional y muestran un compromiso con el aprendizaje continuo suelen destacarse entre los demás, demostrando su disposición para crecer y adaptarse a las nuevas demandas del mercado laboral.

En resumen, la formación continua y el desarrollo profesional son aspectos fundamentales para mejorar la empleabilidad y aumentar las oportunidades de inserción laboral. Mantenerse actualizado con las últimas tendencias y adquirir nuevas habilidades y conocimientos son pasos esenciales para prosperar en el mercado laboral actual y asegurar una carrera profesional exitosa a largo plazo.

6.2 NETWORKING Y RELACIONES PROFESIONALES: FUNDAMENTOS Y BENEFICIOS

El networking y la construcción de relaciones profesionales sólidas son elementos esenciales en el proceso de búsqueda de empleo y el desarrollo de una carrera profesional exitosa.

¿Qué es el networking? Se puede definir como la práctica de establecer y mantener conexiones significativas con individuos dentro de un ámbito laboral específico o industria particular. Estas conexiones pueden abarcar una variedad de personas, desde compañeros y líderes de la industria hasta mentores, reclutadores y otros profesionales con intereses similares. La interacción en entornos diversos como conferencias, eventos de la industria, reuniones profesionales y plataformas en línea, como Linkedin o Infojobs, proporciona oportunidades para la expansión y el fortalecimiento de esta red profesional.

Los beneficios del networking en el ámbito laboral son múltiples y significativos. Uno de los más importantes es establecer y mantener conexiones profesionales sólidas puede estar disponible a oportunidades laborales que de otro modo podrían pasar desapercibidas. Muchas vacantes de empleo se consiguen a través de referencias y recomendaciones de contactos profesionales, lo que denota la importancia de una red sólida en el mercado laboral actual.

Además, el networking proporciona acceso a información valiosa sobre el mercado laboral, las tendencias de la industria y las oportunidades emergentes. Al interactuar con usuarios y líderes de la industria, se puede mantener al día con las diferentes novedades y estar al tanto de posibles oportunidades de crecimiento y desarrollo profesional. No solo se refiere a oportunidades de trabajo, sino también a cursos y talleres que podemos encontrar.

Otro beneficio fundamental del networking es la capacidad para aumentar la visibilidad y la reputación profesional. Al establecer relaciones sólidas con otros profesionales, se puede ganar reconocimiento como experto en su campo y ser considerado para colaboraciones, proyectos conjuntos y posiciones de liderazgo. Esta visibilidad puede ser especialmente valiosa en un entorno laboral altamente competitivo.

Un claro ejemplo puede ser en la elaboración de diversos análisis, noticias o, incluso, un libro. Los diferentes usuarios, al ver tus capacidades, no dudarán en tenerte en cuenta para posibles colaboraciones. Aunque sea un trabajo poco remunerado o sin llevarte beneficio económico, puede ser una gran oportunidad para dar a conocer tu nombre. Nunca olvides que todo lo que hagas estará guardado y podrás referenciarlo en tu expediente. No todo es el dinero, por lo que una oportunidad también puede llegar de esta forma.

Además de proporcionar oportunidades de empleo y acceso a información relevante, el networking puede servir como una fuente vital de apoyo y orientación profesional. Al conectarse con compañeros de profesión y demás profesionales, se puede recibir asesoramiento, retroalimentación y orientación sobre la carrera profesional. Este apoyo puede ser usada para superar desafíos profesionales, identificar oportunidades de crecimiento y avanzar hacia los objetivos profesionales establecidos.

En resumen, el networking y la construcción de relaciones profesionales sólidas son aspectos fundamentales en el éxito profesional. Al crear conexiones significativas en el ámbito laboral, los individuos pueden acceder a oportunidades laborales, obtener información valiosa, aumentar su visibilidad y reputación, y recibir apoyo y orientación a lo largo de su trayectoria profesional. Todo contacto es bueno, al igual que lo es una mayor visibilidad de tu perfil y todos tus proyectos.

6.3 PRESENTACIÓN DE LA EXPERIENCIA LABORAL: CLAVES PARA DESTACAR

La presentación de la experiencia laboral es un componente esencial en la estrategia de búsqueda de empleo de cualquier individuo. Consiste en comunicar de manera clara y persuasiva las habilidades, logros y contribuciones laborales de un candidato a posibles empleadores. En este apartado, se adentrará en las claves fundamentales para destacar en el mercado laboral a través de una presentación eficaz de la experiencia laboral.

En primer lugar, uno de los aspectos más importantes es la elaboración de un currículum vitae (CV) completo y bien estructurado. El CV sirve como la primera impresión que los empleadores tendrán de un candidato, por lo que es crucial que sea claro, conciso y profesional. Como se ha mencionado anteriormente, debe incluir secciones claramente definidas que aborden el historial laboral, la educación, las habilidades y los logros relevantes. Además, el CV debe ser adaptado a cada posición específica a la que se aplique, resaltando las experiencias y habilidades más pertinentes para el trabajo en cuestión. Ante la duda, no dudes en poner todo lo que conoces y dominas en vez de suprimirlo. Eso sí, sobrepasar un límite de hojas no es sinónimo de buen CV. La elección y la presentación, así como la buena presentación, son igual de importantes que tus virtudes.

Además del CV, la carta de presentación también desempeña un papel importante en la presentación de la experiencia laboral de un candidato. La carta de presentación ofrece la oportunidad de ampliar y contextualizar la información proporcionada en el CV, explicando de manera más detallada la motivación para postularse al puesto y como las habilidades y experiencias del candidato se alinean con los requisitos del trabajo y las necesidades de la empresa. No es recomendable darla poca importancia, por lo que, si te decides a redactarla, hazlo bien. Si crees que no es adecuada, es mejor no presentarla.

En la página oficial del SEPE, y en sus oficinas, también puedes encontrar diferentes cursos y secciones en los que poder aprender y mejorar la elaboración de cartas de presentación.

Los portfolios van por el mismo camino, si bien pueden estar más adaptados al trabajo que buscas. No es lo mismo solicitar empleo en una empresa que otra, por lo que investiga e indaga para hacerlo de forma más visual. Un ejemplo claro es una empresa de marketing o que se dedique a algo visual. Aquí, podrás dar rienda suelta a tu creatividad y elaborar un portfolio a la altura de los elegidos.

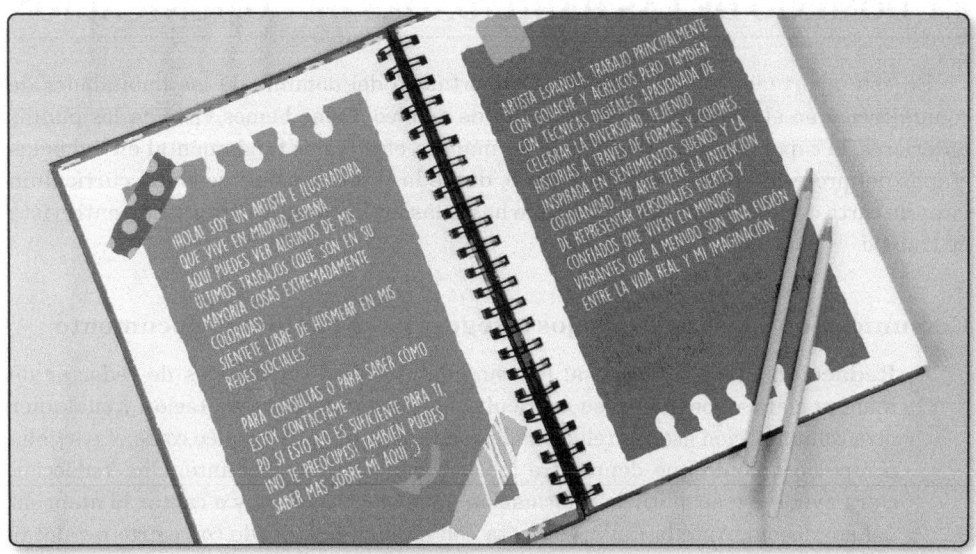

Imagen de Truyol Digital

Es crucial que tanto el CV, la carta de presentación y el portfolio sean personalizados para cada aplicación, demostrando al empleador que el candidato ha investigado sobre la empresa y comprendido los requisitos específicos del puesto. Esto puede implicar modificar el resumen profesional, destacar proyectos o logros relevantes, y adaptar la sección de habilidades y competencias para que se alinee con las necesidades del trabajo. En resumen, adaptarse a la oferta y no hacer un *copia y pega* para todas las ofertas.

Además de los documentos escritos, es importante que los candidatos estén preparados para contar su experiencia laboral de manera clara y convincente durante una entrevista de trabajo. Esto implica poder articular las experiencias previas, los logros alcanzados, los desafíos superados y lo aprendido en roles anteriores de manera estructurada y coherente.

En resumen, la presentación efectiva de la experiencia laboral es fundamental para destacar en el mercado laboral altamente competitivo de hoy en día. Requiere la elaboración de un currículum vitae, una carta de presentación y un portfolio bien pensados y personalizados, así como la capacidad de comunicar de manera clara y persuasiva la experiencia laboral durante una entrevista de trabajo. Estas habilidades son esenciales para captar la atención de los empleadores potenciales y asegurar oportunidades laborales significativas y gratificantes.

6.4 DOMINIO DE LAS HABILIDADES DE COMUNICACIÓN

En este apartado, se indagará en la importancia del dominio de las habilidades de comunicación en el contexto de la búsqueda de empleo. Como hemos visto en los puntos anteriores, la capacidad de comunicarse de manera efectiva es fundamental en todas las etapas del proceso de búsqueda de empleo, desde la presentación inicial del currículum vitae, la carta de presentación y el portfolio hasta las interacciones durante una entrevista de trabajo.

Comunicación Escrita: Consejos a seguir para cualquier documento

▶ **Redacción clara y concisa**: los candidatos deben ser capaces de redactar de manera clara y concisa en su currículum vitae, carta de presentación y cualquier otra comunicación escrita relacionada con la búsqueda de empleo como el portfolio u otro documento que demuestre las habilidades del solicitante. Una redacción clara ayuda a transmitir la información de manera efectiva y a captar la atención del empleador. Ante la duda, contacta con alguien que puede corregirte o valorar tu candidatura. Es mejor pecar de cauto que presentar algo que no sea correcto.

▶ **Habilidad para transmitir información relevante**: es importante que los candidatos sepan identificar y destacar la información más relevante en su comunicación escrita, centrándose en sus habilidades, experiencia y logros que sean pertinentes para el puesto al que están aplicando. Es fácil seleccionar la información para un puesto de trabajo en concreto. Lee y analiza lo que pide cada empresa y enfócalo según sus necesidades.

Comunicación Verbal

▶ **Claridad y articulación**: durante una entrevista de trabajo, los candidatos deben ser capaces de expresarse de manera clara y articulada. Esto implica hablar con claridad, evitar jergas innecesarias y mantener un tono profesional en todo momento. Aunque es fácil decirlo, lo mejor es no ponerse nervioso y demostrar tus valores y capacidades. Si lo estás, no te preocupes porque es algo totalmente lícito. Piensa en ti y en el futuro que puede depararte. No hay mejor motivación que pensar que el futuro te puede ofrecer un puesto laboral que siempre has soñado.

▶ **Escucha activa**: además de expresarse claramente, los candidatos también deben demostrar habilidades de escucha activa durante una entrevista. Esto implica prestar atención a las preguntas del entrevistador, mostrar interés genuino en la conversación y responder de manera reflexiva y relevante. No sirve de nada hablar lo tratar temas que no tienen nada que ver con la entrevista. Responde a lo que te pregunten y no desvíes el tema a tu campo. Aunque no lo creas, la gente que se encarga de las entrevistas está más preparada y con más experiencia que tú.

Habilidades de Presentación

▶ **Confianza y seguridad:** al presentar tu experiencia laboral o habilidades durante una entrevista, se debe proyectar confianza y seguridad en ti mismo. Esto se logra a través de una postura erguida, contacto visual adecuado y un tono de voz firme y seguro. Un buen consejo es ensayar antes del encuentro. Frente a un espejo o grabándote con teléfono móvil ayudará a que mejores.

▶ **Estructura y organización**: es importante que se presente la información de manera estructurada y organizada durante una entrevista. Esto puede implicar dividir la información en secciones claras y fáciles de seguir, utilizando ejemplos concretos para respaldar sus afirmaciones y resumiendo los puntos clave al final de la presentación. En pocas palabras, divide y vencerás.

Adaptabilidad y Flexibilidad

▶ **Capacidad para adaptarse al contexto**: durante el proceso de búsqueda de empleo, los candidatos deben ser capaces de adaptar su estilo de comunicación al contexto específico en el que se encuentran. Esto puede implicar ajustar su tono y estilo de comunicación para que coincida con la cultura de la empresa o las preferencias del entrevistador.

▶ **Flexibilidad en la respuesta**: los candidatos también deben ser capaces de pensar con rapidez y responder de manera efectiva a cualquier pregunta o situación inesperada que surja durante una entrevista. Esto requiere habilidades de pensamiento rápido y la capacidad de mantener la compostura bajo presión.

En resumen, dominar las habilidades de comunicación es esencial para tener éxito en el proceso de búsqueda de empleo. Ya sea a través de la comunicación escrita, verbal o de presentación, los candidatos deben ser capaces de transmitir su experiencia y habilidades de manera efectiva y persuasiva, lo que les ayudará a destacar entre la competencia y asegurar oportunidades laborales significativas.

7

Retos futuros y perspectivas

En este capítulo, se tratarán los desafíos de la inserción laboral en un contexto postpandemia, así como las innovaciones y avances en los servicios de empleo. Además, se ofrecerán recomendaciones para mejorar la eficacia del SEPE y la inserción laboral en general.

7.1 DESAFÍOS EN LA INSERCIÓN LABORAL POSTPANDEMIA

La pandemia de coronavirus ha provocado una serie de desafíos y obstáculos sin precedentes en el ámbito laboral, lo que ha impactado de manera significativa en la inserción laboral. Estos desafíos son varios y para superarlos se requieren acciones por parte de todos los que integran el mundo laboral. A continuación, se detallan algunos de los más relevantes:

▶ **Reactivación económica:** uno de los principales desafíos es la reactivación económica tras la crisis sanitaria. A pesar de los esfuerzos, la incertidumbre persiste y la recuperación es desigual entre los distintos sectores y regiones. El asentamiento del mercado laboral y la recuperación de la economía sufrieron un duro revés en el tiempo de pandemia y no se termina de solucionar ya que aparecen nuevos impedimentos como los conflictos militares o la crisis en diferentes sectores de trabajo.

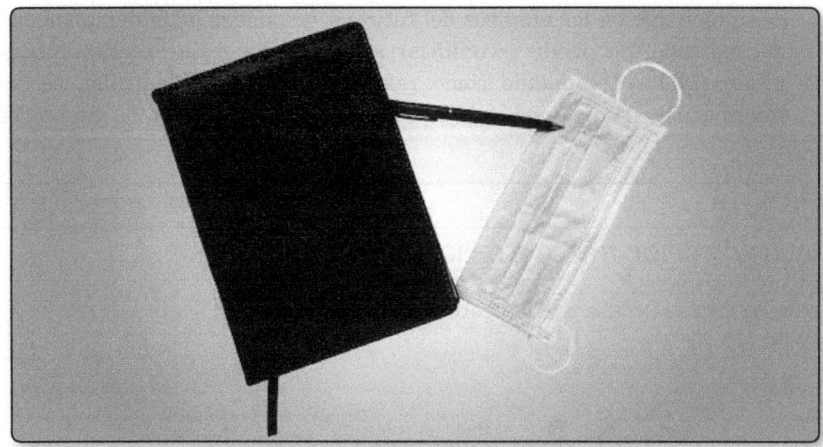

▶ **Transformación del mercado laboral**: la pandemia ha acelerado la transformación del mercado laboral, impulsando cambios en la forma de trabajar y en las habilidades demandadas. La digitalización ha ganado relevancia, lo que ha generado la necesidad de adquirir nuevas competencias digitales y de adaptarse a entornos laborales cada vez más tecnológicos. El mejor ejemplo de cambio en las empresas ha sido el asentamiento del teletrabajo, una práctica poco usada años atrás y que ahora es algo muy en común en varias empresas.

▼ **Desafíos para los grupos vulnerables**: estos grupos, entre los que se incluyen los jóvenes, los trabajadores inmigrantes y las personas con discapacidad, han sufrido especialmente la crisis. La pérdida de empleo, la precarización laboral y las dificultades para acceder al mercado laboral se han agravado para estos colectivos, lo que requiere políticas específicas para abordar sus necesidades y promover su inclusión laboral.

ⓘ ¿Qué es la precarización laboral?

Es un fenómeno en el que las condiciones de trabajo se vuelven cada vez más inestables, inseguras y desfavorables para los trabajadores. Esto puede manifestarse a través de la falta de contratos estables, salarios bajos, falta de protección social, largas jornadas laborales, falta de acceso a prestaciones laborales básicas como vacaciones pagadas o seguro de salud, por poner algunos ejemplos. En resumen, la precarización laboral conlleva una situación en la que los trabajadores se ven expuestos a una mayor vulnerabilidad económica y social debido a la falta de garantías y estabilidad en su empleo.

▼ **Formación y recualificación**: la pandemia ha puesto evidenciado la importancia de la formación y la recualificación para adaptarse a las nuevas realidades del mercado laboral. Es necesario invertir en programas de formación y educación continua que permitan a los trabajadores adquirir las habilidades necesarias para desempeñarse en los empleos del futuro y responder a las demandas cambiantes del mercado. Se puede recualificar al trabajador o que recicle aptitudes. ¿Qué diferencia hay? Tomando como referencia Linkedin Learning, se presenta la información en su página web y que explica a la perfección las diferencias.

 Learning   Producto   Cursos   Recursos | Contactar con ventas

¿Cuál es la diferencia entre la recualificación y el reciclaje de aptitudes?

En realidad, la diferencia está en el resultado. Los procesos son similares porque ayudan a los empleados a ampliar sus conocimientos, pero varían en la naturaleza de las aptitudes adquiridas y en el objetivo final del aprendizaje.

Recualificación

En este ejemplo, AdCo ha decidido ampliar su oferta para incluir animación digital. Carmen lleva dos años trabajando como diseñadora de producción y siempre le ha interesado esa especialidad. En lugar de contratar a otro empleado, AdCo ofrece a Carmen la oportunidad de hacer cursos de diseño sobre este tema con el presupuesto de formación de la empresa. Ampliar su conjunto de aptitudes en diseño le permitirá acceder al puesto recién creado de animación digital.

Reciclaje

Northern Knickknack ha automatizado su proceso para pintar adornos. En este ejemplo, Tomás lleva 10 años trabajando como pintor para esta empresa. Conoce el producto como nadie, y la empresa valora mucho su experiencia profesional. En lugar de dejarlo marchar, Knickknack le ofreció formarse como especialista en CAD para trabajar en el equipo encargado de diseñar nuevos adornos.

▶ **Adaptación a nuevos modelos de trabajo**: la crisis ha impulsado la adopción de nuevos modelos de trabajo, como el mencionado teletrabajo y el trabajo a distancia. Si bien estos modelos ofrecen ventajas en términos de flexibilidad y conciliación, también plantean desafíos en cuanto a la organización del trabajo, la protección de los derechos laborales y la salud mental de los trabajadores. ¿Qué diferencia hay entre teletrabajo y trabajo a distancia? Tomando en este caso la información de DATADEC, se establece lo siguiente.

DATADEC°   Soluciones ERP ⌄   Otras Soluciones ⌄   Clientes   Blog   Inicio sesión ⌄   Contacto

Principal diferencia entre teletrabajo y trabajo distancia: la tecnología

La principal diferencia entre el concepto tradicional de teletrabajo y el trabajo a distancia es **el uso de la tecnología**.

Mientras el **trabajo a distancia** implica relaciones laborales en las que no es indispensable el uso de la informática y de las telecomunicaciones para que el empleado desempeñe su profesión, el **teletrabajo** es un tipo de trabajo remoto que se realiza solo a través de las TICs, y en el que el trabajador debe mantenerse conectado virtualmente con la empresa.

El teletrabajo es una modalidad que ofrece gran flexibilidad al trabajador y una mayor productividad para la empresa. Pero su **éxito** depende de que se tomen las medidas a nivel organizativo necesarias para la coordinación y la trazabilidad de las tareas, a la par de adoptar las herramientas tecnológicas más adecuadas

En resumen, la inserción laboral postpandemia se enfrenta a una serie de desafíos complejos que requieren respuestas innovadoras y colaborativas por parte de los gobiernos, las empresas, los trabajadores y toda la sociedad en su conjunto. La superación de estos desafíos no solo permitirá una recuperación económica más rápida y sostenible, sino que también contribuirá a construir un mercado laboral más inclusivo, equitativo y resiliente para el futuro.

7.2 INNOVACIONES Y AVANCES EN LOS SERVICIOS DE EMPLEO

En respuesta a los desafíos emergentes, los servicios de empleo han experimentado innovaciones y avances destinados a mejorar la inserción laboral. Algunas de estas innovaciones incluyen:

▶ **Plataformas digitales**: su desarrollo ha facilitado el acceso a servicios de empleo y formación profesional, permitiendo a los usuarios buscar empleo, acceder a recursos educativos y recibir asesoramiento laboral de forma remota. Es una forma de trabajar instaurada en los últimos años en la cual, a través de una app o sitio web, "hace corresponder una solicitud de servicio de un cliente con la prestación de trabajo remunerado por una persona", como indica la web del Consejo Europeo. Se han mejorado mucho las condiciones en los últimos años debido a la pandemia y a los cambios de hábitos en la sociedad. En estos días, es algo usual pedir comida a domicilio a través de aplicaciones como Glovo o UberEats y no ir a recogerlo al restaurante o llamar por teléfono como se hacía tiempo atrás (aunque estos dos ejemplos se siguen realizando). También es frecuente contratar un coche para ir a un destino usando Uber, Cabify o Bolt, habiéndose incorporado los propios taxis después de un primer enfrentamiento.

Tomando como referencia los datos y las imágenes del Consejo Europeo, se sacan las siguientes conclusiones:

Trabajadores de plataformas digitales

Más de 28 millones de personas en la UE trabajan a través de una o varias de estas plataformas digitales y se prevé que en 2025 esa cifra alcance los 43 millones.

28
millones de trabajadores en 2022

43
millones de trabajadores para 2025

Las personas que trabajan a través de las plataformas digitales llevan a cabo **tareas muy variadas**, realizadas tanto *in situ* como en otro lugar (a distancia). Por ejemplo, estas tareas pueden ser de reparto, traducción, introducción de datos, cuidado de niños, cuidado de personas mayores o conducción de taxis.

El trabajo en plataformas suele ser su segunda fuente de ingresos, al margen de su trabajo habitual.

Aumento del número de trabajadores en plataformas digitales y su expectativa en 2025. En la imagen siguiente, se observa que el crecimiento desde 2016 ha sido espectacular.

Resumen de la economía del trabajo en plataformas de la UE

Las plataformas digitales de trabajo desempeñan un papel importante en la economía de la UE. Están **presentes en todos los Estados miembros**, son una fuente de ingresos para más de **28 millones de personas** y se han convertido en una forma habitual de responder a las **necesidades del consumidor**.

Cinco veces más que hace cuatro años

Los **ingresos** del trabajo en plataformas digitales se han **multiplicado** en los últimos años.

2016
3 400 mill. €

2020
14 000 mill. €

El 75 % pertenece a plataformas de servicios de taxi y entrega de comida, sectores en los que la pandemia de la COVID-19 tuvo gran influencia

Cambio en los ingresos durante la pandemia de COVID-19

entrega de comida
+125 %

taxi -35 %

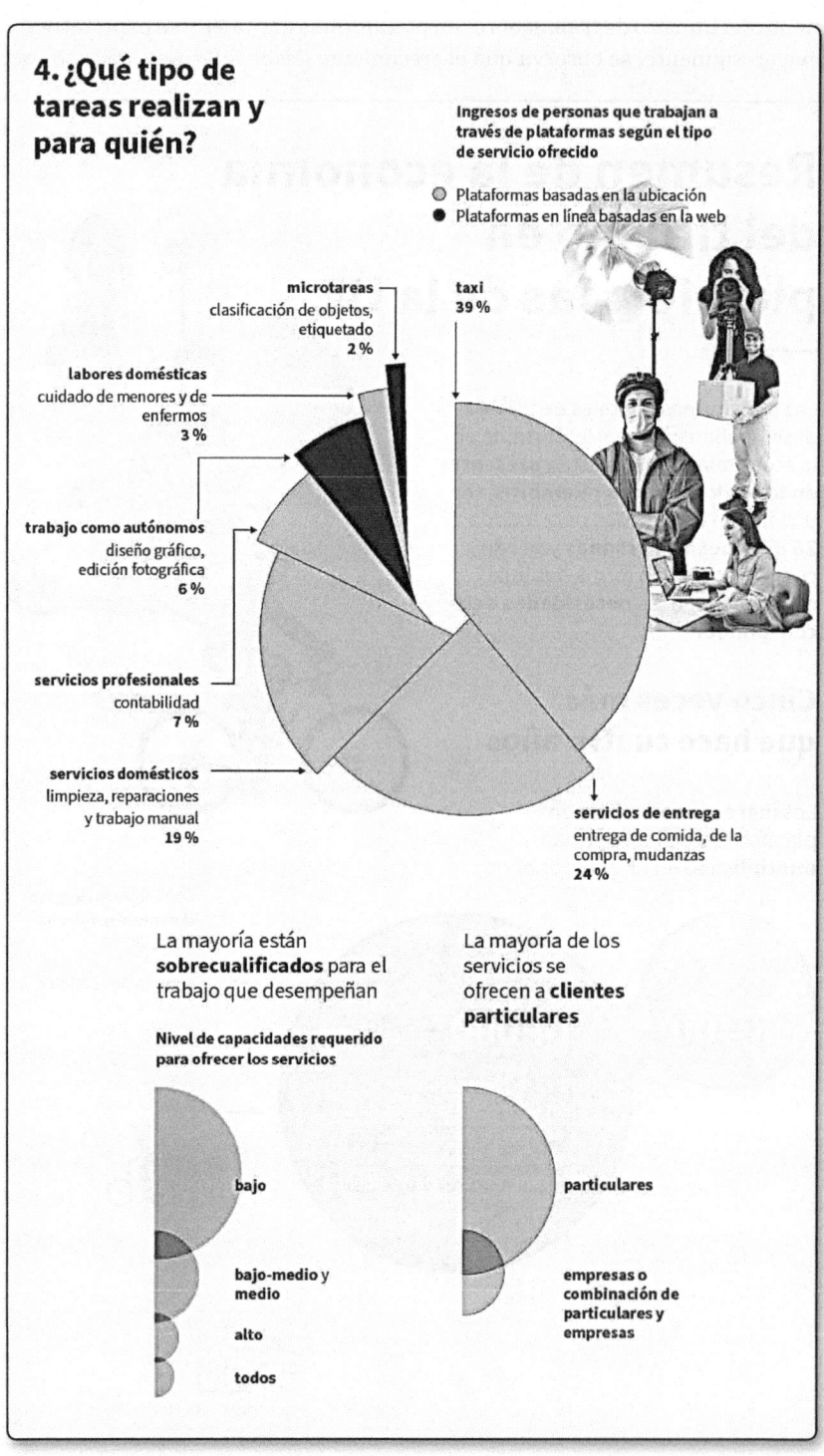

4. ¿Qué tipo de tareas realizan y para quién?

Ingresos de personas que trabajan a través de plataformas según el tipo de servicio ofrecido

- ○ Plataformas basadas en la ubicación
- ● Plataformas en línea basadas en la web

microtareas
clasificación de objetos, etiquetado
2 %

taxi
39 %

labores domésticas
cuidado de menores y de enfermos
3 %

trabajo como autónomos
diseño gráfico, edición fotográfica
6 %

servicios profesionales
contabilidad
7 %

servicios domésticos
limpieza, reparaciones y trabajo manual
19 %

servicios de entrega
entrega de comida, de la compra, mudanzas
24 %

La mayoría están **sobrecualificados** para el trabajo que desempeñan

Nivel de capacidades requerido para ofrecer los servicios

bajo

bajo-medio y medio

alto

todos

La mayoría de los servicios se ofrecen a **clientes particulares**

particulares

empresas o combinación de particulares y empresas

En la imagen anterior, se pueden comprobar el tipo de tareas que realizan y para qué tipo de cliente. Si deseas ver toda la información detallada, así como toda la infografía y las novedades, como el ejemplo que vamos a poner a continuación de las nuevas normas de la UE sobre el trabajo en plataformas digitales, dirígete a la web del Consejo Europeo (https://www.consilium.europa.eu/es/policies/platform-work-eu/).

Nuevas normas de la UE sobre el trabajo en plataformas digitales

Situación laboral

Las nuevas normas abordarían los casos de **clasificación errónea de los trabajadores de plataformas** y facilitarían la manera de **reclasificarlos como empleados**, garantizando un **acceso más sencillo a sus derechos** como empleados en virtud del Derecho de la UE.

Se presumirá jurídicamente que los trabajadores son empleados de una plataforma digital (y no trabajadores por cuenta propia) si su relación con la plataforma cumple al menos **dos de los cinco indicadores** establecidos en la Directiva.

Estos indicadores comprenden:

- límites máximos de la **cantidad de dinero** que pueden recibir los trabajadores;
- supervisión de la **ejecución de su trabajo**, también por medios electrónicos;
- control de la distribución o la **asignación de tareas**;
- control de las **condiciones de trabajo** y restricciones en la elección del **horario de trabajo**;
- restricciones a su **libertad para organizar su trabajo** y normas sobre su **apariencia o conducta**.

De acuerdo con el texto acordado, los Estados miembros podrán añadir más indicadores a esta lista en el marco del Derecho nacional.

▸ **Programas de formación personalizada**: los programas de formación personalizada utilizan algoritmos y análisis de datos para ofrecer cursos y actividades de aprendizaje adaptados a las necesidades y preferencias individuales de los usuarios, aumentando así la eficacia de la formación profesional. Suelen darse ante una necesidad puntual de la empresa y su intervalo de horas varía, llegando incluso a las 150 o 200 horas.

▸ **Colaboraciones público-privadas**: las colaboraciones entre el sector público y privado han permitido el desarrollo de programas y proyectos conjuntos orientados a mejorar la empleabilidad y promover la inserción laboral. Estas asociaciones pueden proporcionar recursos adicionales y oportunidades de empleo para los usuarios de los servicios de empleo.

A continuación, vemos un ejemplo de colaboración público-privada de la Agencia Estatal de Investigación del año 2023.

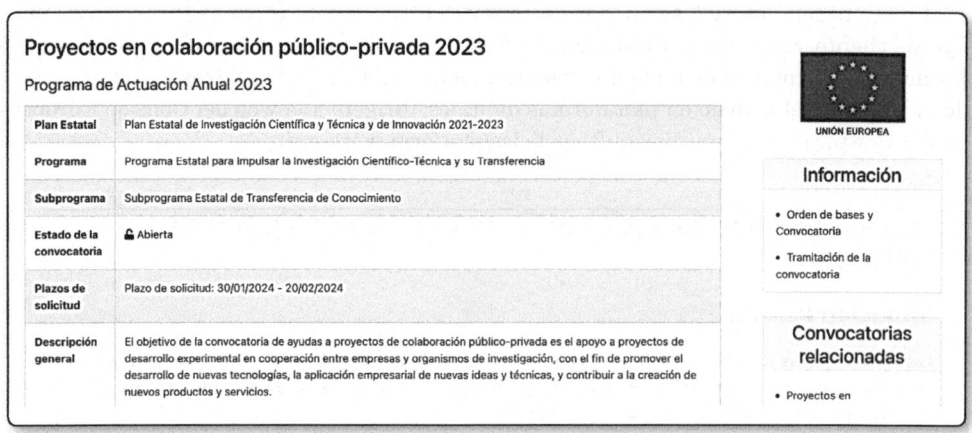

7.3 RECOMENDACIONES PARA MEJORAR LA EFICACIA DEL SEPE Y LA INSERCIÓN LABORAL

¿Puede mejorar el SEPE sus funciones y todo lo que ofrece? Pese a que el trabajo que se realiza es positivo y válido para muchos ciudadanos, se pueden considerar las siguientes recomendaciones:

- **Modernización de infraestructuras**: es fundamental invertir en la modernización de las infraestructuras tecnológicas y físicas del SEPE para mejorar la accesibilidad y la calidad de los servicios ofrecidos a los usuarios.

- **Fomento de la formación continua**: se deben promover iniciativas que fomenten la formación continua y el desarrollo de habilidades relevantes para el mercado laboral actual y futuro. Muchos demandantes de empleo se apuntan a cursos o iniciativas cuando se ven obligado a ello y no lo valoran cuando tienen la oportunidad de enriquecer su formación. Un acercamiento a todos los usuarios, incentivaría la curiosidad de muchos.

- **Apoyo a sectores en auge**: es importante identificar y apoyar los distintos sectores emergentes con potencial de crecimiento y creación de empleo, proporcionando recursos y programas específicos para promover su desarrollo. Los puestos laborales van cambiando y es necesario apoyarlos para que se asientan de la mejor forma en la sociedad.

- **Fortalecimiento de la orientación laboral**: aunque la comunicación y la atención de los miembros del SEPE suele ser, en general, buena, sería recomendable cambiar la forma de trabajo e implantar nuevas acciones que permitan un mayor seguimiento de los casos. Cambiar las instalaciones, aumentar la plantilla o actualizarse a la nueva tecnología son cosas que se deberían tener en cuenta.

▼ **Promoción de la igualdad de oportunidades**: se deben implementar políticas y programas que promuevan la igualdad de oportunidades en el acceso al empleo, eliminando las barreras y desigualdades existentes en el mercado laboral.

Al abordar estos desafíos y seguir estas recomendaciones, se puede mejorar la eficacia del SEPE y contribuir a una inserción laboral más exitosa y equitativa en el futuro. Entre todos, trabajadores y empleadores, se puede lograr una mejora del mundo laboral.

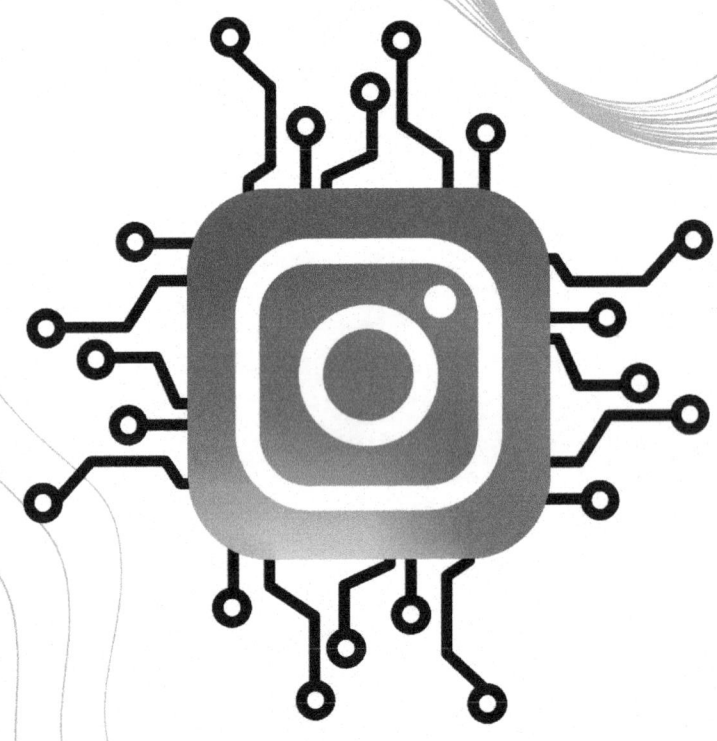